O, flexamina atque omnium regina rerum, oratio

TOLEDO EN MI MANO
(O VERSOHISTORIA DE TOLEDO)

Santiago Sastre

TOLEDO EN MI MANO
(O VERSOHISTORIA DE TOLEDO)

Editorial LEDORIA
J   M   R

I.S.B.N.: 978-84-19887-60-3
Depósito Legal: TO-122-2025
© Del texto: El autor
© De la edición: Editorial LEDORIA-Jesús Muñoz Romero
* Calle del Conde de Casal, núm. 47
Las Ventas con Peña Aguilera (Toledo)
* Calle Fuente del Moro, núm. 6,
Toledo
Teléfono: 925 25 13 81
Correo electrónico: info@editorial-ledoria.com
www.editorial-ledoria.com

Diseño de la cubierta: Equipo de la editorial Ledoria
Ilustración de la contraportada: *La huevera de la silueta de Toledo*, Gabriel Cruz Marcos

EL POETA SE CONVIERTE EN ALPINISTA

Este es un libro que siempre he querido escribir: ofrecer mi visión de la historia de Toledo a través de unos poemas de corte narrativo.

A los que les gusta la poesía quizá les deje insatisfechos, pues no se trata de un cántico lírico a la ciudad, en el que sería muy fácil caer en el tópico y en la exaltación hueca o insulsa. A los que les gusta la historia, quizá les cause descontento, porque se trata de una utilización personal de la historia, presentándola en trazo grueso (algo así como a vista de pájaro, no con pelos y señales) y de forma literaria.

Por tanto, me expongo claramente a que los tiros me vengan por todos lados, pero no queda otra que arriesgarme y salir con el chaleco antibalas. En todo caso, lo que ofrezco aquí es la interpretación personal de la historia de la ciudad, articulada en torno a acontecimientos, monumentos, calles y personas que han tenido alguna relevancia.

Alguien dirá, haciendo gala del arte de la separación o de poner vallas al saber, que una cosa es la historia y otra la literatura. Pero si hay una historia que es difícil construir a palo seco porque se ve envuelta con leyendas y exageraciones, con interpretaciones y perspectivas ideológicas, esa es la historia de Toledo. Por eso se puede decir que su historia resulta muy literaria y exige del investigador una visión expurgadora y crítica.

Por otro lado, la conexión de la poesía con la narratividad histórica no es algo novedoso. Así sucedió en sus comienzos: basta pensar en la poesía narrativa popular del mester de juglaría, como en la poesía narrativa culta del mester de clerecía. La poesía no es solo una forma de decir, sino también un contar. De ahí que sea una importante fuente documental para la historia.

En este libro no pretendo descubrir nada, sino algo más humilde: exponer lo que me llama la atención de Toledo y su historia. Se trata, por tanto, de mi punto de vista. Esto se puede predicar con mayor razón de una ciudad que se ofrece a modo de montaña (por estar asentada en colinas), en el sentido de que para poder hacerse una idea de cómo es, es preciso conocer sus numerosas caras. Aquí ofrezco mi experiencia a la hora de escalar esta ciudad. Por tanto, este libro está escrito por un poeta que se ha venido arriba: se ha calzado unas botas y, algo envalentonado, se ha metido a alpinista.

Toledo solo tiene evocaciones literarias, y es tan angustioso para los ojos como lleno de encanto para la memoria.

La lámpara maravillosa, Ramón del Valle-Inclán

Yo te daré noticia de Toledo
según yo lo he inventado,
huyendo de su historia
bien hecha
con tanto dato falso.
Ven por aquí, Maestro, y sígueme.
Yo te abriré las tumbas de cada cementerio
para que cada muerto te diga sus verdades.

El Dante, en Toledo, Juan Antonio Villacañas

Toledo es como un inmenso bicho *antidiluviano* dormitando encima de una roca.

El sueño del reptil, Luis Alfredo Béjar

LA PRIMERA AGRICULTURA

Ese hombre prehistórico
que convence a los que lo acompañan
de que junto al río Tajo
es el sitio ideal para asentarse;
para cazar y pescar;
es posible cruzar a la otra orilla
por la zona del vado,
en la que el agua llega a las rodillas;
se alza un peñón
para vigilar por si viene
algún peligro a lomos del horizonte.
Toledo salió del útero
del hondón rocoso
que forma el Tajo
gracias a este hombre
que convenció a los demás,
después de tanto deambular
de un sitio a otro,
de que esta tierra era buena
para dejar que el corazón
desplegara sus raíces,
estuviera dispuesto a germinar.
La génesis de Toledo
llegó de la mano
de esta primera agricultura.

TOLETUM
O EL CARNÉ DEFINITIVO DE CIUDAD

Cuanto te dieron
el carné definitivo de ciudad
te llamabas Toletum.
Ya eras un todo
diferente a la suma de las partes
porque en ti se respiraba
el bien común,
la necesidad de construir lo colectivo.
Ya tendrías el espacio público
más ordenado,
con calles, casas con agua
más o menos corriente,
foro, circo, anfiteatro, teatro, acueducto de sifón,
termas y templos.
Incluso una muralla para delimitar
lo de dentro y lo de fuera,
lo autóctono y lo foráneo.
El poder ya estaría cortado en filetitos
para repartirlo a las autoridades.
Eras un lugar en el que estar a salvo,
en el que florecía
el orgullo de la pertenencia,
en el que sentirse ciudadano
de la cabeza a los pies.

CLOACA ROMANA
JUNTO A LA PUERTA DEL SOL

¡Pero quién
te va a cantar a ti,
alma de cántaro!
Sin embargo yo lo hago,
querida cloaca romana.
Te atreves a llevar a la sillita la reina
el agua sucia que hay que trasladar
a un río, un arroyo o un pantano.
Sacas por la puerta de atrás
el agua que ya no sabe cantar,
que es incapaz de acallar la sed,
que no tiene fuerza
ni para alegrar
la calma paralítica de un charco.
Sé que haces tu trabajo
con la nariz tapada,
que te duele esta carraspera
que araña tu garganta.
Tu misión te acerca
a la familia del intestino grueso.
Te mereces que hoy cante
tu esfuerzo silencioso
por llevarte lejos los desechos.

ECHAR ACEITE EN LA BISAGRA
DE LA PUERTA DE BISAGRA

Cada puerta ofrece
una manera especial de entrar y de salir.
A la puerta de Bisagra se llega
desde la zona de la Sagra
y desde la carretera de Madrid
y conduce al corazón mismo de Toledo.
Era de origen musulmán
pero fue sustituida por la actual,
trazada por el torrijeño Alonso de Covarrubias.
Se construyó a mayor gloria de Carlos V,
que hizo imperial a la ciudad.
En la puerta sembraron el vuelo
del águila de las dos cabezas.
En una hornacina del interior
figura san Eugenio
(que se pensó el primer obispo de Toledo;
pero ni fue el primero
ni el único Eugenio)
y en el suelo, la escultura de Carlos V
sacando pechamen de guerrero.
En la parte de arriba
que da hacia dentro
vivía el cobrador de los portazgos,
porque esta puerta tenía mucho tránsito

y por eso también era una fuente,
pero de dinero.
¡Cuántas carretas tiradas por bueyes,
cuántos recibimientos a peces gordos
y aves de paso,
cuántas despedidas,
cuánto aceite y vino
han visto tus arcos!
Está rematada con un ángel
que empuña una espada,
que dicen que protegió a Toledo de la peste.
Murieron muchos toledanos
y ante el posible fracaso del ángel
la peste contestó: «Solo maté a siete,
a los demás el miedo les paralizó el corazón».
El miedo es experto en matar antes de tiempo,
porque plastifica el latido
y lo deja en cuarentena.
Cuando entras por esta puerta de dos cuerpos,
te recibe la zona del Arrabal,
que ahora no está a las afueras,
y el resto del camino es de subida.

LOS VISIGODOS
NO ERAN TAN BÁRBAROS

Los bárbaros que llegaron a Toledo
no eran tan bárbaros.
Esos romanos que vivían en las fronteras
sentían que se había acabado una etapa,
ya no funcionaban
los emperadores ni los dioses antiguos
y lo mejor era que vinieran otras gentes
con su civilización a cuestas,
con su vino, sus costumbres, su lenguaje.
A veces nos ha pasado eso:
se ha derribado el edificio de nuestra vida
(por ejemplo si nos ocurre un divorcio,
una muerte, una enfermedad, un despido)
y es mejor empezar de cero.
¿Y qué haríamos, se pregunta Kavafis,
si no llegasen los bárbaros,
si eran la solución,
si los necesitábamos como agua de mayo
porque era el momento de comenzar
una historia nueva?
A Toledo llegaron los visigodos
(vesi significa buenos o nobles)
y convirtieron la ciudad
en la capital de su reino.

Entre el siglo VI y el VII
se sucedieron muchos monarcas,
un listado que antes
se aprendía en las escuelas
como la alineación de un equipo de fútbol.
Con los concilios de Toledo,
por decisión de Recaredo,
el catolicismo se convirtió
en la religión oficial del Reino.
Quizá los verdaderos bárbaros
fueron los integrantes
de las generaciones posteriores,
que apenas dejaron rastro
de las construcciones visigodas
(algo hay en el Museo de los Concilios,
en los muros o en las torres mudéjares,
piedras labradas reutilizadas,
una pilastra en la iglesia de El Salvador
y lo que nos depare la bajura de la Vega Baja).
Apenas queda nada.
Como si sus restos
se los hubiera tragado la tierra
y fueran compañeros de viaje
del agua subterránea y del carbón.

GUARRAZAR
Y EL FLAUTISTA DE HAMELÍN

Después de examinarse en Toledo
y cuando regresaba a Guadamur, su pueblo,
Escolástica Morales sintió
unas ganas irrefrenables de orinar.
Se apartó del camino
y entró en unas tierras
que una tormenta había removido días antes.
En plena micción descubrió un nicho
con coronas votivas, cruces de oro
y otras piezas de orfebrería.
Se corrió la voz
y muchos rastrearon las tierras adyacentes
como cuando se va de rebusco.
Trocearon muchas piezas
y las vendieron a joyeros toledanos.
Al final fueron a parar a manos francesas.
Incluso una corona que se quedó en España
—la de Suintila—
para más inri fue robada del Palacio Real de Madrid.
Más tarde se negoció con el Estado francés
un intercambio de obras de arte
y así fue como parte del tesoro de Guarrazar
regresó a España.
Ahora se guarda en el Museo Arqueológico Nacional,

en el Palacio Real, y el resto
en el Museo de Cluny de París.
Si se tratase de la lotería,
diríamos que nunca un premio
ha estado tan repartido.
Gracias a este descubrimiento
en Guarrazar, un lugar bendecido por el agua,
se hallaron restos de lo que pudo ser
una basílica, un palacio y un monasterio
de la época visigoda.
Como siempre, suena aquí
la música del flautista de Hamelín
y de los ratones que van detrás
con el fin de enriquecerse.

RODRIGO Y LA INVASIÓN MUSULMANA

¡Ay, Rodrigo,
en qué lío te has metido!

No comiste del árbol
del bien y del mal,
pero entraste en la cueva
en la que dormía un saber prohibido.
Quitaste los candados del arcón
y se cumplió el mensaje de invasión
que estaba escrito.

Además, violaste a Florinda, la Cava,
después de verla desnuda
bañándose en el río.

¡Ay, Rodrigo!
Montaste un buen cristo.
Por tu culpa, don Julián, el padre de Florinda,
abrió con llave
y quitó el pestillo.

Por tu culpa la invasión musulmana
puso nuestra tierra a su servicio.

Pobre de ti, que esta absurda leyenda
impide a tu recuerdo
dormir tranquilo.

LA PIEDRA DEL REY MORO

Desde lo alto
de la Piedra del Rey Moro
se ofrece en su desnudez
esta parte trasera de Toledo
que tiene al río
como su honda muralla.
Se llama así este mirador
por una leyenda.
Dicen que Abul Walid
estaba enamorado de Sobeyha
y tuvo que salir de Tulaytula
para conseguir refuerzos,
pues el ejército árabe estaba debilitado.
Cuando regresó, ya la ciudad
había sido tomada por Alfonso VI.
Abul Walid, con sus guerreros, se asentó
en esta zona del peñasco
pero fue sorprendido por la noche
y lo mataron.
Cuentan que aquí lo enterraron
y la imaginación hace ver
una piedra con su cara y su turbante
que mira a la ciudad
en la que vivía la mujer amada

a la que no pudo ayudar.
La erosión pulirá con su cincel
los rasgos de su rostro.
Pero ¿para qué quedarse ahí,
mirando Toledo como un pasmarote?
A veces se llega tarde,
cuando el tren ha salido.
El hombre es el único animal que puede
alzarse sobre sus propios hombros
para elegir otro destino
que está aún por escribir.
Cada vez que subo a la piedra del rey moro
es para corroborar que Toledo es una ciudad
que no conquistaré nunca,
que no conoceré del todo,
a la que siempre llegaré tarde.

AZARQUIEL Y LA LUNA

¡Cómo mira Azarquiel
el cielo toledano
con sus ojos azules!

¡Qué talento para oír
el movimiento de los planetas
en los raíles de sus órbitas,
para reconocer si van
sentados o de pie!

¡Qué manera
de domesticar el agua
haciendo que entre o salga a los estanques
para calcular el tiempo
y las fases de la luna!
A su lado el agua
parece un caniche
que se deja acariciar la cabeza.

¡Qué esfuerzo quiromántico
en leer las manos de las nubes!

¡Qué oído tan fino
para escuchar lo que siente
el agua al ser movida por la Luna!

LA MEZQUITA DEL CRISTO DE LA LUZ

¡Oh, nuestra mezquita cordobesa
de pitiminí!
Fuiste mezquita de barrio
con tus tres arcos de herradura
subidos a lomos
del caballo de la fe
que mira hacia la Meca.
Después de la conquista
te inclinaron hacia el culto cristiano,
y te añadieron un ábside
con la toledanía árabe del mudéjar.
En la religión casi siempre
un Cristo vence a otro Cristo
(más humano o más divino),
un cielo a otro cielo
(más alto o más bajo).
Dicen que detrás de tus paredes
estaba escondido un Cristo
con una lamparilla de aceite encendida
y que el caballo de Alfonso VI,
en plena subida,
se arrodilló al pasar delante,
por eso ese sitio está señalado
por un adoquín más blanquecino.
Demasiada luz

para una lámpara
y demasiada inteligencia
para un caballo cansado,
que solo desea culminar
el calvario de la empinada cuesta.

QUEDAMOS
EN LA PLAZA DE ZOCODOVER

¡Quién te ha visto
y quién te ve!
Con tu forma irregular
recibiste a los reyes
engalanada como un pincel.
En ti se expusieron cadáveres
para conseguir dinero
y recibir sepultura como debe ser.
Aquí corrieron los toros
y oyeron algún olé.
Muchas procesiones te atravesaron
poniendo el fervor de pie.
En ti se ejecutaron criminales,
se hicieron autos
tanto sacramentales como de fe.
Has valido como mercado de bestias
y de otras mercancías que vender.
Es una pena que entre tanta
plantación de piedra
no tengas una fuente
para atajar la sed.
¡Quién te ha visto
y quién te ve, plaza de Zocodover!
Hueles a hamburguesa

y a turista despistado que pregunta en inglés.
Desde tu corazón se bombea
la sangre al resto de los barrios,
tan alejados de tu calidez.

LA LUNA DE TULAYTULA

Tulaytula fue una ciudad
muy combativa,
luchadora por su independencia
frente a Córdoba,
o cualquier poder intransigente.
Tenías una población muy colorida:
musulmanes, cristianos conversos al islam,
mozárabes, judíos...
Te creció una estructura laberíntica
de callejuelas enrevesadas,
patios, adarves,
y una zona comercial
llena de tiendas y mesones.
Fuiste una ciudad enmezquitada
(¡con más de cuarenta!),
con muchas casas de baño.
La gran separación llegó
con el Alficén, ese recinto amurallado
que unía el Miradero, el Alcázar
y el Puente de Alcántara
para proteger
la parte noble frente al pueblo llano
de la ciudad amontañada.
Allí se guisaba la vida

política, administrativa y militar.
¡Qué empuje por llevar
al corazón del hombre
el temblor nutritivo de las artes,
las letras y las ciencias!
Tuviste maravillosos jardines
en los que el agua cantaba
igual que un pajarillo mañanero.
Fuiste islámica, Tulaytula,
durante más de tres siglos y medio.
Nadie podrá robar
el reflejo de la luna islámica
en tu río de piedra.

LA CATEDRAL DE LAS CATEDRALES

Te levantas, querida catedral,
donde antes quizá hubo un templo romano,
después una basílica visigoda
y fuiste construida al mismo tiempo
que derribaban una mezquita;
es decir, creciste con un cuerpo extraño
que fue desapareciendo poco a poco
para hacerte hueco.
Se colocó tu primera piedra en 1226
bajo el reinado de Fernando III
y con el arzobispo Jiménez de Rada.
Te apoyaste en dos cimientos religiosos:
el antiquísimo origen del cristianismo toledano,
que situaban, por error, en san Eugenio
(era Eugenio II y se sabe que antes existieron
tres obispos: Melancio, Audiencio y Asturio)
y la descensión de María el 18 de diciembre de 665
a la antigua basílica visigoda
para regalar a san Ildefonso
una prenda, que acabó por ser casulla,
como premio a su defensa
de la virginidad de la madre de Dios.
Ahí está esa piedra granítica
tocada por tantas generaciones de toledanos,
donde presuntamente la Virgen puso sus pies,

aguantando los vaivenes del tiempo.
La catedral es una ciudad
consagrada en cuerpo y alma a la Virgen María,
bajo la advocación de santa María de Toledo,
que al ser trasladada a una capilla denominada Sacrarium
pasó a denominarse Virgen del Sagrario,
que es como se venera a la patrona de Toledo.
Fuiste levantada a lo largo de cinco siglos,
con la huella de una multitud de estilos:
desde el gótico hasta el plateresco.
Asombra la majestuosidad de tu torre,
apoyada en la sala del Tesoro,
y arriba la campana Gorda, que solo sonó una vez
porque después se quedó muda
por tener en las cuerdas vocales una grieta.
La idea es que tuvieras otra torre
y se hizo su primer cuerpo, pero al final se dejó,
quizá por la peligrosa inclinación del terreno;
después de un incendio se cubrió la capilla mozárabe
con una cúpula de piedra con linterna
que trazó el hijo del Greco.
Tuviste otra torre cuyo arranque aún se ve en un lateral
de la puerta del Reloj;
dicen que se correspondía
con el alminar de la anterior mezquita
pero tras varias reformas, la derribaron en 1889
por su estado ruinoso.
Impresiona la capilla mayor con su retablo;
el coro con doble nivel de sillería
con sus tallas sobre la conquista de Granada,
y la sonrisa giocondesca de la Virgen Blanca;
el mosaico en flor que ofrecen sus vidrieras;

la sala capitular con su recorrido episcopológico
como los cromos de un álbum
(en el que figuran dos borbones,
Luis Antonio y Luis María, que son padre e hijo;
un obispo cobarde, que se marchó
antes de que entraran los musulmanes: Sinderedo;
otro intruso que ocupó su lugar,
del que figura solo el nombre: Oppas;
otro hereje: Elipando;
y otro cuasihereje: Bartolomé de Carranza);
la sacristía con el Cristo al que antes de la crucifixión
despojaron sus vestiduras, obra del Greco;
y el techo abovedado que pintó al fresco Lucas Jordán
sobre el episodio milagroso de la Descensión
(el artista se autorretrató con su familia mirando
                                        [desde una ventana);
su girola con doble pasillo semicircular;
su claustro alto y bajo;
la presencia escultórica de tantos enterramientos
(además de catedral es cementerio);
la puerta del Reloj con un reloj de una manecilla
para marcar solo las horas;
la sala con la Custodia,
que es una torre gótica de forma hexagonal
que contiene la custodia de Isabel la Católica.
Impresiona la captación de la luz
con el cazamariposas del transparente
(algunos criticaron su barroco churrigueresco)
para inundar de mediodía el sagrario de la capilla mayor.
Y el Ochavo —el ocho simboliza lo eterno—
donde se atesoran restos de la columna de la flagelación
y de la cruz de Jesucristo, restos de santa Leocadia,

san Raimundo y san Agustín, un brazo de santa Lucía,
sangre de san Juan Bautista
y una de las espinas de la corona de Cristo.
La Catedral es el Júpiter
del sistema monumentario de Toledo.
¡Cómo es posible que la fe
haya levantado esta Gigantona
en la que llegaron a trabajar seiscientas personas!
¡Cómo es posible romper
tantas coordenadas espaciotemporales
con esta hondura mística!
Se potenció la fuerza del milagro de la Descensión
y la antigüedad del cristianismo toledano
para aupar la catedral a la noble categoría de primada,
a lograr lo que Pedro entre los apóstoles:
la primacía de ser la catedral de las catedrales.
No es difícil creer mientras se pasea por sus naves,
reconociendo tanto esfuerzo por transparentar lo divino.
Es como si al introducir los dedos en la reja
de la roca madre donde la Virgen puso sus pies,
al mismo tiempo se metieran en las llagas
del costado abierto del Resucitado,
¡Señor mío y Dios mío!

LA TOLERANCIA O LA TOLEDANCIA

Dicen que fuiste la ciudad de la tolerancia
porque en tus calles amistosamente convivían
judíos, musulmanes y cristianos;
es decir, las tres religiones
que tienen fe en un Dios vivo y verdadero
amparadas en el vuelo de un libro sagrado.
Esto en realidad es un mito.
La tolerancia implica respetar
y asumir el pluralismo como un bien
y esto nunca lo hubo.
Se trató de una convivencia desde la superioridad
y fruto de las circunstancias históricas,
forzada porque al que mantiene otro credo
por ahora no se le podía expulsar ni aniquilar,
se lo recluía en un barrio concreto
(la judería y la morería)
y, eso sí, era muy útil para repoblar
y como fuente de ingresos,
pagando impuestos a troche y moche.
Ni siquiera fue una coexistencia pacífica
porque hubo refriegas y enfrentamientos.
Las religiones monoteístas suelen incurrir
en la tentación del bien:
no se conforman con conocer la verdad

sino que intentan imponerla,
porque así sacan a los demás de su error
y los llevan a una luz de pata negra.
Hubo si acaso una tolerancia pero rancia
que podríamos denominar toledancia.
A la fuerza ahorcan.
Tocaba aguantarse, asumirlo como un mal menor,
porque por ahora no había más remedio.
Conviene celebrar siempre las diferencias
porque la vida sin libertad
no merece la pena ser vivida.

VOLTAIRE

TRATADO
SOBRE
LA
TOLERANCIA

ALIANZA
EDITORIAL

EL TRÁNSITO
DE LA SINAGOGA DEL TRÁNSITO

Shalom,
la paz esté con vosotros.
Entrar en la enorme sala de oración
en la sinagoga del Tránsito
es sentirse en Toledoth,
bajo la sombra del Dios de Israel.
Por ahora el cielo aquí
es un artesonado de madera de cedro.
Algo del suelo original aún se conserva.
En la cabecera, orientada hacia Jerusalén,
se encontraba el arca sagrada
con los rollos de la Torá.
La luz de los candelabros de siete brazos
muestra la decoración geométrica y floral,
también mensajes
e inscripciones de salmos bíblicos.
El creyente, con su kipá, mira al horizonte
esperando la llegada del Mesías.
Las mujeres, en la galería superior,
siguen el rezo presidido por el rabino.
Más tarde esta sinagoga
se convirtió en una ermita cristiana,
presidida por un cuadro
de Juan Correa de Vivar

sobre el Tránsito de la Virgen,
que es su muerte (o dormición) y su Asunción,
que ahora se encuentra en El Prado.
Por alguna hache o por alguna be,
relacionada con la cesión de su uso
para fines culturales
por parte de alguna autoridad eclesiástica,
este edificio tuvo otro tránsito:
pasó de las manos de la Iglesia católica
a ser propiedad del Estado.

EN TU IDIOMA
O LA ESCUELA DE TRADUCTORES

No entiendo lo que dice,
lo que pone aquí
porque esta lengua no es la mía.
¡Qué labor la de los traductores
que en aquel ambiente toledano
llevaban hasta una orilla entendible
los textos griegos, hebreos y árabes!
Es importante dar a conocer
la ciencia del momento,
vinculada a la magia,
y la mirada al cielo de la astronomía,
enraizada en la altura de la astrología.
La realidad ofrecía muchos pisos
por arriba, como un rascacielos,
y por abajo, como un iceberg.
Se trata de que el lenguaje
propicie la alquimia fascinante
de la comunicación,
ese milagro que lleva a exclamar:
¡Ya entiendo lo que cuentas
o lo que has escrito!
Aristóteles o Avicena o quien sea
atraviesa la frontera
del pequeño mundo de mi idioma.
Ahora sí que el logos se hace carne.

LOS OJOS DEL PUENTE DE SAN MARTÍN

Y tiro porque me lleva la corriente
hasta el puente de san Martín.
En esta parte el río Tajo es tan ancho
que necesita cinco ojos para ver bien,
que es unir con nitidez las riberas.
Pedro I fue cruel con el puente que existía:
para evitar que las tropas
de Enrique de Trastámara
accedieran a la ciudad,
destruyó su arco central,
buscando el aislamiento como defensa.
Cuenta con una leyenda curiosa:
el arquitecto que dirigió la reconstrucción
pensó que un error en la obra
haría que se derrumbara sí o sí,
se lo confesó a su mujer
y esta, de noche, prendió fuego
a la estructura de madera que lo sostenía
y se vino abajo,
salvando la incompetencia del marido
simulando un accidente.
De modo que hubo que empezar de nuevo
en la época del arzobispo Pedro Tenorio
(cuya carita en piedra dicen que figura

en el arco central),
ya con la musculatura suficiente
y con la novedad de una segunda torre defensiva,
la que da acceso a la ciudad.
En el torreón exterior figura una escultura de san Julián,
sucesor de san Ildefonso, como protector.
El amor es la piedra angular
que levanta todos los puentes.
Como decía Donne, nadie es una isla.
Todos tenemos un corazón peninsular
que nos empuja a salir al encuentro
de la otra ribera.
Vivir es el arte de construir puentes
entre tus células y las de los demás.

EL CONVENTO DE SAN JUAN DE LOS REYES ES UNA BANDERA

El convento de san Juan de los Reyes
(no monasterio porque son frailes
que no viven apartados,
asisten y evangelizan a la gente)
es sobre todo una bandera,
porque proclama la supremacía católica
en este monte del barrio judío.
Se levantó para conmemorar
la batalla de Toro,
que afianzó el tanto monta
de los Reyes Católicos.
Esta iglesia pensaba acoger
el mausoleo de estos reyes,
pero aquí solo pasó una noche
el cuerpo inerte de la reina Isabel
(la del 3 de diciembre de 1504)
cuando iba camino de Granada,
donde finalmente los reyes fueron enterrados.
El exhibicionismo de este edificio
se completa con la exposición
en el muro de entrada
de los grilletes de los cristianos liberados
durante la conquista de Ronda.
El destino quiso que fuera

parcialmente destruido
por las tropas napoleónicas
durante la guerra de la Independencia,
de modo que lleva
el mismo grupo sanguíneo que el ave fénix.
En su reconstrucción
participaron muchos artistas toledanos.
Destacaría la Inmaculada de Romero Carrión
arriba del retablo, en la que el pintor
se autorretrata a la izquierda.
Durante un tiempo
acogió muchas obras de arte
al convertirse en Museo Provincial.
De este monasterio franciscano
siempre me llamó la atención
su cimborrio con ventanas y arcos ciegos,
su claustro de dos pisos,
la variedad iconográfica de sus gárgolas
y las llamas flamígeras de sus pináculos.
En él vuela el águila de san Juan
y en su pico lleva
el trigo de la paz y el bien
para alimentar las ganas de volar de sus polluelos.

EL CABALLERO GARCILASO

A Carmen Vaquero

Si Garcilaso volviera
yo sería su escudero,
pero solo
si fuera comunero
o apostara por un rey
más próximo a su pueblo.

Tus bucólicos pastores
encontraron un sitio pintoresco
para lamentar sus desengaños amorosos
o dejar el corazón al retortero.

Cantaste al río Tajo
cuando era cristalino y corpulento.
Ahora baja esquelético y sucio,
primo hermano de un estercolero.

Lo mismo con la espada
arrancabas la vida del pecho,
que levantabas la pluma
para enhebrar un soneto.

¿Por qué al escalar la muralla de Le Muy
ibas de los primeros?
¿Acaso buscabas una medalla
o un suicidio tempranero?

Tu cuerpo no descansó en paz
porque tus restos
dieron muchos tumbos
en busca de algún noble suelo.

Garcilaso que estás en mi Vega,
poderoso caballero,
si pongo un verso tuyo al trasluz
se transparenta claramente su esqueleto.

SE TRASLADA LA CORTE A MADRID

De repente Felipe II se marcha
con la música de la capitalidad
a otra parte: a Madrid.
El rey estaba agobiado
porque Toledo era una ciudad pequeña,
un nido de cuestas y calles enrevesadas,
proclive a enfrentamientos y revueltas,
sin estaciones intermedias
(cuando no es verano es invierno),
con pocas condiciones higiénicas
y escasez de servicios,
con la delincuencia en aumento.
Aquel 19 de mayo de 1561
Toledo descendía a segunda división,
dejaba de ocupar la cocina
en la que se guisaba lo importante.
El arzobispo se quedó
en la soledad de su monarquía religiosa.
La esposa del rey, Isabel de Valois,
se iría un poco más tarde de la ciudad
con el Concejo Real,
supervisando los flecos que quedaban
de esta dolorosa mudanza.
Habrá que dar un nuevo destino

a los palacios deshabitados.
Habrá que aprender a descentrarse.
Tocaba brillar como satélite.
Además, Madrid tampoco está tan lejos.

LA DOLOROSA EXPULSIÓN
DE LOS JUDÍOS

¡Qué triste el acoso
al que se han visto sometido los judíos!
Y dale que dale con esa cantinela absurda
de que dieron muerte a Jesucristo
(el pueblo deicida)
y que en Toledo facilitaron
la entrada a los musulmanes
porque los cristianos celebraban el domingo de Ramos
en la basílica extramuros de santa Leocadia.
Aquí fueron recluidos en su barrio,
también reprimidos y perseguidos.
Ni siquiera los que se convertían
al cristianismo se libraban,
porque sobre ellos siempre sobrevolaba
la sombra del oportunismo,
de no ser cristiano viejo,
de judeizar de puertas para adentro
(los llamados marranos).
¡Qué triste exigir la pureza de la fe,
que terminó por reflejarse
en la limpieza de la sangre!
¡Qué triste el azote
de la brutal Inquisición
y la dureza pétrea del arzobispo Siliceo!

Ni siquiera los muertos descansaban en paz
porque también recibían su castigo:
los desenterraban y quemaban sus huesos.
Es absurdo pensar que para gobernar bien
todos deben profesar la misma fe,
sobre todo cuando no existe un único credo,
cuando en la oración no todos
ven al mismo Dios en el mismo cielo.
Nadie es responsable
de sus antecedentes familiares.
La pureza solo existe en química,
no en esta realidad
en la que reina la mezcolanza,
la ligazón del café con la leche.
¡Qué tristeza cuando los Reyes Católicos
firmaron la orden de expulsar a los judíos
el 31 de marzo de 1492!
Tuvieron que dejar sus casas
y llevarse la memoria en la maleta.
Toledo sintió este vacío,
como si le arrancaran
un árbol de su historia.
Echaron a los que más tarde
el Papa Benedicto XVI denominó
hermanos mayores en la fe.
El fanatismo es muy peligroso
porque siembra enemigos en cualquier parte
y enseguida enarbola
la superioridad de una religión o de una raza.

LA FUERZA POPULAR DEL COMUNERO

A Fernando Martínez Gil

¡Ya está bien de que se use
el poder con despotismo,
sin tener en cuenta los intereses del pueblo,
nombrando autoridades de fuera y a capricho,
saqueando los bolsillos de la gente con impuestos!
Por eso simpatizo con el movimiento comunero,
que empezó y terminó en Toledo.
Si el rey no vela por el bien de los súbditos
se convierte en un tirano.
Lo maravilloso es que se hable
de la búsqueda del bien común,
de representantes de lo común,
y que los elegidos formen una comunidad
centralizada en una Junta de Comunidades.
Al vivir en el mismo sitio es mucho lo que nos une.
Propusieron una Ley Perpetua que pretendía regular
la relación entre el pueblo y el monarca
(para evitar su excesiva injerencia),
que pudo haber sido la primera constitución occidental.
Pero todo se fue al traste,
se impuso la fuerza del poder real con su maquinaria bélica.
Decían que si eran unos alborotadores anárquicos
que daban muy mal ejemplo por no ser fieles al monarca,

que si no se implicaban lo suficiente
en la defensa de los privilegios de los nobles,
que si eran xenófobos y arcaizantes
porque el absolutismo real encarnaba el modernismo,
que si atentaban contra la unidad de España...
Siempre la tergiversación de la ideología.
La libertad entendida
como la participación en la política
caería del árbol como fruta madura.
Y daría sus apellidos a la democracia moderna,
en la que las decisiones sobre los asuntos políticos
no son tomadas por un rey o un religioso
o un iluminado o alguien muy inteligente,
sino por mayoría por los ciudadanos.
Lo que a nosotros nos atañe
debe ser decidido por nosotros,
no por alguien que nos imponga su parecer desde fuera.

TODO POR UN DEDO

Las reliquias son
ascuas vivas del más allá,
esquejes del jardín del paraíso.
Toledo no tenía ninguna
de san Ildefonso, patrón de la ciudad,
porque se llevaron sus restos al norte
con motivo de la invasión islámica.
Milagrosamente aparecieron
en una iglesia de Zamora.
El Papa, Carlos I y Felipe II
insistieron en que se restituyeran
los restos del santo a su ciudad natal
pero en Zamora se hicieron los suecos.
Enviaron a un clérigo toledano
para que robara algo de san Ildefonso
y, un poco despistado, se trajo
un trozo de cráneo de san Atilano.
Fue un canónigo de la catedral de Zamora,
el sacerdote Francisco Sartaguda,
el que, con un par, el 29 de marzo de 1674
robó un hueso del pulgar del dedo derecho
de san Ildefonso.
Lo llevó a Toledo a lomos de una mula,
acompañado de dos niños cantores.

Al canónigo lo premiaron
haciéndolo canónigo de la catedral de Toledo.
Por fin, al año siguiente de su construcción,
el Ochavo contaba con una reliquia del patrón.
El robo no se consideró inmoral
sino que estaba, válgame, inspirado por Dios.
El propio ladrón testificó, a lo juez y parte,
sobre la autenticidad del dedo.
Un dedo así no sé si sirve
para apuntar al cielo.

LA CASULLA
QUE SE CONVIRTIÓ EN SERPIENTE

A san Ildefonso ya se le había aparecido
santa Leocadia, patrona de Toledo,
saliendo de su sepulcro
y le había regalado un velo.
Un 18 de diciembre,
festividad de la Anunciación
y conmemoración de la virginidad de María,
se le apareció la Virgen María
en la iglesia visigoda.
A modo de recompensa,
por la defensa de su virginidad
le entregó una vestimenta, por ejemplo un alba,
que con el tiempo tendrá forma de casulla.
Dicen que más tarde
se la puso otra persona
(Alfonso X y Berceo se refieren a un tal Siagrio)
y le asfixió como una serpiente boa.
Cuentan que la prenda se guardó
en un arca en Oviedo,
pero al abrirla allí no había nada.
La piedra de granito que pisó la Virgen
se conserva en la catedral de Toledo,
protegida tras una reja
junto a una placa de cerámica

en el que se recomienda
darle un beso a modo de consuelo.
La tradición enhebra historias
que se usaron en beneficio propio,
para conceder a la catedral de Toledo
un sello especial de altura o primacía.
No es de extrañar
que algún niño grite
que no hay ropa,
que el emperador va... en cueros.

EL AGUA ENTRENA EL SALTO DE ALTURA CON JUANELO TURRIANO

Antes, para expresar
que algo no era creíble, se decía:
«Eso es como subir agua a Zocodover».
El agua se desliza
por la barra de la ley de la gravedad
como hacen los bomberos.
Tiende hacia abajo
para saciar la sed de las raíces.
Solo el calor la levanta en vilo
hacia las nubes,
vestida con un ropaje más ligero.
Por eso era tan difícil
subirla desde el río Tajo
hasta la colina del Alcázar.
Solo quedaba recoger y almacenar
el agua en aljibes y cisternas,
o que los azacanes la llevaran
con sus animales de carga.
Hasta que Juanelo Turriano
logró pescar el agua
con un artefacto con torres y cazos,
y salvar el terrible desnivel,
llevando su voz cantarina
hasta el corazón de la altura.

El agua era capaz de poner los pies
en el último peldaño de la escalera.
Ni con una pértiga
volvió a batir
este salto plusmarquista.

ENTIERRO O NACIMIENTO
DEL SEÑOR DE ORGAZ

El Entierro del Señor de Orgaz
refleja las ideas de la Contrarreforma,
que en ese momento eran cuestionadas,
como la autoridad del Papa,
con un san Pedro con las llaves
en las yemas de la mano derecha,
o como la mediación de la Virgen
y la intercesión de los santos.
Y sobre todo el premio al difunto
por haber realizado obras de caridad,
pues la fe necesita asomarse
fuera del pecho a través de obras,
frente a la sola fe que propugna Lutero.
Incluso el difunto practicó una modalidad nueva:
la de la caridad delegada,
pues en su testamento
obligó a los vecinos de Orgaz
a que pagaran el sostenimiento
de los sacerdotes y los pobres
de la parroquia de santo Tomé.
Los vecinos de Orgaz dejaron de pagar
y el párroco emprendió un pleito,
lo ganó y así encargó el cuadro
(que costó una millonada)

reflejando este milagro.
Aparecen san Esteban, el primer mártir, y san Agustín
enterrando el cuerpo del Señor de Orgaz,
que lleva una armadura damasquinada
y tiene el rostro lívido,
anunciando así la fría presencia de la muerte.
No parece que lo agarren con fuerza,
es como si el noble levitara,
como si no pesara al quedarse sin alma.
Es raro que san Agustín, tan humilde,
haga acto de presencia ataviado
con la autoridad de su condición obispal.
El cuadro, de enormes dimensiones,
es una gran montonera de personajes,
tanto en el plano terrenal,
donde figuran contemporáneos del Greco,
como en la zona celestial,
donde aparece la carita de Felipe II.
Abajo figura un niño que representa al hijo del Greco,
del que sobresale un pañuelo
con la fecha de su nacimiento.
Lo más alucinante del cuadro
es que el Greco pinta el alma del fallecido
como si fuera un feto,
que es introducido en un útero
y es recibido en la parte celestial
por la Virgen María, a modo de comadrona,
junto con san Juan Bautista.
Debajo del cuadro, que tiene una dosis
de horror vacui y muchas pinceladas
de filosofía y de sociología,
reposan los restos del Señor de Orgaz.

En realidad no se trata de un entierro
sino del nuevo nacimiento de alguien
que está a punto de llegar
por la vía directa o con enchufe
a los aposentos de la vida eterna.

EL TEMPLE DE LA ESPADA TOLEDANA

La única vez que he cogido una espada
ha sido para partir la tarta
el día de mi boda.
En Toledo tenían mucha fama.
En un refranillo se afirmaba:
«Membrillo, espada y mujer,
de Toledo han de ser».
Destaca el poderío de su temple,
su flexibilidad,
cómo se doblaban y volvían a su rectitud.
Dicen que su calidad se debía
a que enfriaban el acero
en el agua y en la arena del Tajo.
Siempre será mejor esto
que lo de las espadas medievales de Damasco:
con la hoja al rojo vivo
atravesaban el cuerpo de algún prisionero
y luego la sumergían en agua helada.
Si ellas hablasen dirían aquello de
«No me saques sin razón,
no me envaines sin honor».
Se hicieron en la antigua Casa de la Moneda
y después en la Fábrica de Armas Blancas,
para aprovechar la fuerza vigorosa del Tajo.

Espadas para hidalgos y caballeros,
para robustecer ejércitos,
para autoridades y coleccionistas,
para personajes del cine,
o réplicas de espadas históricas
como la Tizona o la Colada del Cid.
Hoy se venden pocas espadas.
¿A quién le apetece tener una espada
coronando una pared de su casa,
que puede reactivar el espíritu
de la espada de Damocles?
Yo tengo alergia a su empuñadura.
Para ser espadachín
prefiero leer *Los tres mosqueteros*.
El poderío de las hojas de los libros,
es más cortante y aventurero.

CERVANTES COMPRA EL QUIJOTE EN EL ALCANÁ

A la memoria de José Rosell

Cervantes pasea
por el barrio de las tiendas
cercano a la Catedral, denominado Alcaná.
Ve cómo un joven intenta
vender unos papeles viejos a un sedero.
No puede evitarlo y los hojea
pero advierte que están escritos en árabe.
¡Lo mismo son textos de economía o medicina!
Encuentra un morisco
(y eso que muchos fueron expulsados de Toledo)
y este le cuenta que se trata
de la historia de don Quijote de la Mancha
escrita por un tal Cide Hamete Benengeli,
por lo visto un historiador arábigo.
Cervantes compra estos papeles por medio real
y en el claustro de la Catedral
cierra el trato con el morisco
para que se los traduzca
en su casa de Toledo
(una herencia de los padres
de la esquiviana Catalina, su mujer)
por dos arrobas de pasas

y dos fanegas de trigo.
Curioso que el autor se llame Benengeli,
pues a los toledanos los conocían como
berenjeneros,
porque las comían mucho,
sobre todo los judíos y los musulmanes.
La historia que le traducen a Cervantes
comienza desde la batalla
de don Quijote con el vizcaíno,
como si lo anterior fuese una primera parte
que procediera solo de la pluma de don Miguel.
A mí me gustaría acusar a Cervantes
por asociar los libros a la locura,
por tratar a don Quijote
como un pelele por su idealismo,
por vivir un amor sin apoyatura en la carne,
indemne de erotismo,
y, sobre todo, por dejarlo morir
en la cama y renunciando
a ser caballero, pidiendo una cerilla
para quemar todo lo que ha vivido antes,
dejando alucinado al pobre Sancho Panza.
Y resulta que la culpa
la tiene ese tal Juanete Berenjenas,
que es el que lo ha escrito casi entero.
No entiendo por qué al final don Quijote
regresa a una cordura
en la que los molinos solo pueden ser molinos.

EL BESO MORTAL

¡Menudos pájaros estos franceses
que se alojaron en Toledo
desde comienzos de 1808!
Fueron expertos en desmanes,
pillajes y actos vandálicos
en edificios civiles, conventos, iglesias
y lo que se ponía por delante.
Incendiaron san Juan de los Reyes
(que perdió uno de sus claustros),
el Alcázar, el convento de la Merced,
los Trinitarios Descalzos extramuros.
Y arrasaron el convento de los frailes
mínimos de san Francisco
y el de los carmelitas calzados.
En este último estaban las estatuas
de los IV condes de Fuensalida:
Pedro López de Ayala
y su esposa Magdalena de Cárdenas.
La leyenda cuenta que en este convento
los franceses hicieron una lumbre
alimentándola con vigas,
trozos de retablos y cuadros.
Un capitán decía que no podía dormir
porque la estatua de Magdalena le observaba

e incluso se le insinuaba
y el marido le miraba con mala cara.
El capitán francés, crecido por el champán,
arrojó parte de su copa
a la estatua del marido llamándole gilipollas
y se acercó a la mujer
para abrazarla y besarla de forma libidinosa.
Pero el marido, con experiencia
en luchar contra los franceses,
le dio un guantazo
con la pieza de la armadura
que le cubría la mano.
El francés perdió la vida al instante.
La verdad es que se merecían
un tortazo bien dado
por todo lo que hicieron en Toledo,
pues dejaron a los de Atila
a la altura del betún.

LOS TOLDOS DEL CORPUS

¡Por aquí, por aquí!
¡Por aquí pasa la procesión del Corpus
con Jesús sacramentado,
hostia consagrada
con todo su cuerpo y toda su sangre!
Los toldos engalanan las calles
y anuncian esta visita.
La tradición dice
que lloverá sobre ellos
y habrá que quitar
las peligrosas bolsas de agua.
Su brillo en mate
anuncia que por aquí pasa
la Custodia con su tintineo,
con el principal oro que es Jesús
vivamente presente por la fe.
Los toldos construyen un cielo
más bajo, más diminuto,
para que Dios,
que se ha agachado lo indecible
para introducirse en la sagrada forma,
ahora se acuclille más, se empadrone
como un toledano
y camine por nuestras calles de siempre,

a la altura de los escaparates
de nuestra vida cotidiana.

EL APAGADO CIRCO ROMANO

¡Pobre circo romano!
Eras gigantesco. Podías albergar
hasta quince mil personas
para que presenciaran
las carreras de carros.
Pero te partieron el corazón
con la avenida Carlos III
y te hicieron convivir
con las raíces de los árboles
del jardín del Campo Escolar.
Un resto de tu brillo queda
en un arco alicaído
detrás de un restaurante.
Triste destino el tuyo,
que llegaste a ser cementerio
y refugio de gente sin recursos.
Nadie se ha preocupado por ti
ni han sabido comprenderte.
Ben-Hur no ha podido ayudarte.
No te han valorado
ni han sacado brillo
a los poderosos músculos de tus ruinas,
que tanto espectáculo contemplaron.
Decía Juvenal

que el pueblo quiere pan y circo.
Pero en Toledo ni eso, solo quieren pan,
no este circo.

EL ALFAQUÍ COMO INTERMEDIARIO

Alfonso VI al tomar la ciudad
permitió que en la mezquita mayor
los musulmanes pudieran
mantener su culto.
Pero una vez que el rey
estaba de viaje en León,
la reina y el arzobispo
trazaron un plan
para restituir la mezquita
para la fe cristiana.
El rey al saber la noticia
se irritó mucho
y quiso castigar a los responsables,
pero un alfaquí llamado Abu Walid
intercedió para que no hubiera muertes
ni castigos, que se asociarían con su fe,
para que se hiciera el borrón
y cuenta nueva del perdón;
ya emplearían como centro madre otra mezquita
                                    [cercana.
Posiblemente no existió,
porque los reyes no cambian de parecer
de la noche a mañana,
ni suelen practicar este tipo de buenismo.

Si no existió, queda al menos
una escultura en piedra del alfaquí
nada más y nada menos
que en la capilla Mayor de la Catedral.
En agradecimiento a un mediador
que sabía cómo amansar el agua,
cómo hacer para que el genio
no salga de su lámpara
convertido en oleaje.

ALFONSO X DECIDE USAR
EL CASTELLANO EN LA ADMINISTRACIÓN

A ver si hablamos claro
y logramos entendernos.

Hay quien dice digo
y otro ha oído trigo o Rodrigo
o abrigo o carahigo.

Dejemos el latín
para espíritus elevados.
Ordeno que en la Administración
se hable el castellano
(o sea, el de Castilla,
que tenemos más a mano).
Si precisamos más,
el que emplea el toledano.
Mucho más que la sangre,
el lenguaje nos hace hermanos.

CONTRADICCIONES PARA ALFONSO X

Amigo Alfonso X,
si crees en Dios,
¿por qué concedes a la magia
tanta atención?

¿Por qué piensas que las piedras y los astros
tienen la función
de regir el destino
y te afanas en escuchar su voz?

Si eres tan devoto de la Virgen,
¿por qué buscas calor
en cosas inertes,
que carecen de emoción?

Sabes que las riendas de la vida
están en manos del que la creó.
Quizá pretendes
sentarte en el trono de Dios.

Se te quedó pequeña
la ambición de ser emperador.

HOMENAJE AL LIBRO *EL RÍO DE LOS CASTORES* DE FERNANDO MARTÍNEZ GIL

Querido Moi:

Ya ha pasado mucho tiempo
desde que cumpliste tu misión
cuando los animales te elegimos
para que remontaras el río Tajo
para descubrir por qué
bajaba tan pobre y contaminado.
Ya sabemos que es el puñetero hombre.
Gracias a la fuente de tu llanto
lograste purificar el río,
pero de nuevo el agua ha vuelto
a estar terriblemente enferma
y quiere huir en patera
buscando otra tierra donde vivir.
Como el hombre no mueve un dedo,
necesitamos que alguien asuma el liderazgo
para ponernos manos a la obra,
porque esto ya ha pasado de castaño a muy oscuro.
Vamos a elegir a la rana Espartaca
para que nos dirija en todas las acciones.
En el nombre de Moi y de todos los seres vivos
que vivimos en torno al Tajo
vamos a luchar para que lleve un agua

en el que la vida pueda echar raíces.
¡Todos a una, como en Fuenteovejuna!
¡Que los toledanos, tan apáticos y conformistas,
se atengan a las consecuencias,
que la vamos a liar parda!
¡Ya está bien de ver cómo
delante de nuestras narices se desangra el río!
Convenceremos a alguna nube
para que llueva sobre los toledanos con el agua del río,
haremos una campaña de picaduras de mosquito
y las palomas ensuciarán de palomina todo lo que puedan.
Nos vamos a llamar TAJMAJ (Por un Tajo Majo)
y no pararemos hasta que nuestro hermano Tajo
sea lo que siempre ha debido ser:
un río con la dignidad de río,
patrimonio natural de todos los toledanos.

LLAMADA A JOSÉ MOSCARDÓ CUANDO ESTABA ATRINCHERADO EN EL ALCÁZAR

El 23 de julio de 1936
Cándido Cabello, jefe de las milicias de Toledo,
llamó al coronel José Moscardó
con la amenaza de fusilar
a su hijo Luis, de 24 años, si no rendía el Alcázar.
Algunos dudan de esta llamada.
A mí me parece una amenaza absurda
porque estaba claro que no cedería por nada del mundo.
El 23 de agosto, como represalia
por un bombardeo que causó víctimas civiles
(algunas bombas no cayeron en el Alcázar sino en
                                        [Zocodover),
sacaron a más de cincuenta presos de la Diputación
diciéndoles que los llevaban al penal de Ocaña.
Iban atados de dos en dos para controlarlos mejor.
A los dos hijos de Moscardó, Luis y Carmelo, los
                                [amarraron juntos.
Algún miliciano se apiadó de Carmelo,
un joven de 16 años con aspecto aniñado
y, aunque el chiquillo protestaba con valentía
porque quería correr la misma suerte que su hermano,
lo volvieron a meter en la cárcel
y en su puesto eligieron al canónigo y deán Polo Benito.
Al cruzar la puerta del Cambrón

los colocaron cerca de una pared
(quizá al lado de la Fuente Salobre)
y fueron ametrallados.
Tras ser despojados de sus objetos,
sus cadáveres pasaron la noche al raso.
Al día siguiente fueron trasladados
a una fosa común en la que echaron cal viva.
Tiempo después el cadáver de Luis fue identificado
por sus zapatos y la hebilla del cinturón
y se recuperaron sus restos de la fosa.
El coronel no cedió al chantaje de la sangre
y el Alcázar resistió un feroz asedio durante más de dos
                                                    [meses.
La fe ciega en las ideologías llevó a que se mataran
los unos a los otros, las dos Españas que nos hielan el
                                                    [corazón,
el famoso *Duelo a garrotazos* de Goya.
Aunque ganó un bando, todos perdieron.
En realidad solo venció la sombra de Caín.

EL MERCADILLO DEL MARTES

Fue el rey Enrique IV
el que concedió a Toledo el privilegio
de que todos los martes
se celebrase un mercadillo
libre de impuestos,
por eso los precios eran bajos.
Se celebró en diferentes lugares:
Zocodover, plaza Mayor, el Miradero,
la explanada del Alcázar,
el paseo del Carmen, la Vega
y el aparcamiento del barrio de santa Teresa.
En este mercadillo suelen estar
los mismos puestos de siempre.
Abunda sobre todo la venta
de bragas y calzoncillos a precio de saldo,
zapatos, ajos, frutos secos, marroquinería y bisutería.
Antes no había rastro de fruta,
(salvo algunos espontáneos
con la mirada pendiente de la policía)
pero se acaba de aprobar una ordenanza
que permitirá vender frutas y verduras.
Es un mercadillo a medio gas,
que camina a pata coja
porque faltan muchas mercancías.

En Toledo, además, no existe
un rastro con libros y antigüedades
que dé una segunda oportunidad
a objetos que no se quieren conservar.
Es un mercado con una oferta
en la que la sota
siempre se monta con el rey en el mismo caballo.

LA NOVEDAD DEL ALCÁZAR

A la memoria de Juan Sánchez

Divino Alcázar,
encumbrado en lo más alto,
capaz de hacer cosquillas a las nubes,
refugio de autoridades
menores y mayores
con tu porte de palacio.
Robusta fortificación
a modo de trinchera en la teniente general de las colinas.
Has sufrido duras heridas
por el zarpazo destructor del fuego.
En concreto, en tu currículo
llevas tres incendios,
que dicen que equivalen a nueve mudanzas,
de modo que has perdido
mucho por el camino.
El mayor destrozo
lo sufriste con nuestra guerra fratricida,
que dividió España en ganadores y vencidos.
Ahora compartes tu espacio
con un museo del Ejército
y también con una biblioteca pública.
Es indudable que la cultura

nos ayuda a vivir más y mejor
y a saber que nos hermanan
los mismos derechos,
idéntica necesidad de pan y de libros.
Ahora con la biblioteca
tu peñasco se eleva varios metros
y los aviones te llegan a la altura de los hombros.

CURIOSIDADES DEL *EXPOLIO*

El cuadro refleja el momento
en el que van a desnudar a Jesucristo
para clavarlo en la cruz.
Está en la sacristía,
donde el sacerdote se desviste antes de decir la misa
para asumir la condición de otro Jesucristo
(*in persona Christi*).
El rostro de Jesús mira al cielo con los ojos llorosos,
mientras el gentío se agolpa a su lado
en actitud amenazante,
por encima de su cabeza.
Jesucristo acepta que su muerte
es un paso necesario para la glorificación.
Después de haberse hecho hombre
(que es caer lo más bajo, que diría san Juan)
el resto del camino es de subida
y por eso, aunque sus pies pisan
un pequeñísimo sendero con piedrecitas,
está como elevándose.
La amenaza se recalca con las lanzas
y ese cielo de nube desgarradas.
Están fuera de su tiempo las plumas de los cascos,
la tela púrpura que cubre a Jesucristo
(roja en alusión al sacrificio),

la armadura del siglo XVI del caballero,
(lo lógico sería un legionario romano),
y las tres Marías
(la Virgen, la Magdalena y la Verónica)
que no deberían estar ahí según los Evangelios.
Siempre me llamó la atención el barrenero,
que prepara los agujeros en la cruz
para facilitar la entrada de los clavos.
Llevan a Jesús sujeto por la muñeca
con una cuerda tensa
para dejar claro quién es el preso.
Está a punto de despojarse
de lo único visible que le queda: su condición humana.
Hay un personaje que nos hace partícipes del cuadro
señalándonos con el dedo,
indicando que tú también lo crucificaste
y que va a morir también por ti.
El cuadro se insertaba en un retablo
que hizo el Greco pero del que solo
se conserva un pequeño relieve escultórico
con la imposición de la casulla a san Ildefonso.
El retablo, con altar, donde está ahora,
construido incluso con mármol negro,
es obra de Ignacio Haan.
En este cuadro Jesucristo
se prepara para hacerse eucaristía.

LA FUGA DE SAN JUAN DE LA CRUZ
(Toledo, 16 agosto de 1578)

A la memoria de J.C. Gómez-Menor y J.V. Rodríguez

¡Se ha abierto la jaula
y se marcha el pájaro solitario!

Qué duro sufrir tanto
de manos de tus hermanos
solo por llevar el alma
más ligera y sin zapatos.

Que no te dejaran decir misa en la Asunción
fue la gota que colmó el vaso.
Te ayudó aquel carcelero de Fuensalida
que se ablandó al contemplar tu estado.

Te descuelgas y caes
en un convento de monjas de al lado.
El estómago de la ballena,
como a Jonás, te ha vomitado.

Los que te vieron en Zocodover
decían que eras un bicho raro,
como si caminaras
siguiendo un mapa desnortado.

Preguntaste por las monjas descalzas
para ponerte a salvo.

Sabías que era de madrugada
y no te abrirían en ningún caso.

Un señor que era guardés justo enfrente,
en la Casa de la Moneda, al verte tan desesperado
te dejó pasar la noche en el zaguán,
oyendo el golpeo del agua en los acantilados.

La del alba sería,
ya muy temprano,
cuando abrieron el convento
y tu corazón encontró un remanso.

Una hermana quería confesar
y la clausura te permitió el paso.
Fueron los calzados buscándote
y la portera, con una mentira piadosa, los mandó
[por otro lado.

Comiste peras con canela
y recitaste versos muy emocionado,
contando de qué color era tu noche
y el sonido de la fuente que mana y corre a pesar
[del desengaño.

Te llevaron al hospital de santa Cruz
para niños abandonados,
para que tu cuerpo tomara cuerpo
después de tanto tiempo encarcelado.

El pájaro ya no era gorrión,
se había convertido en canario.

MOLINO HARINERO EN EL TAJO

¡Pobre molino harinero
que abres de par en par tu morada!

No funcionas
si con el estiaje te entra poca agua
o si sube su nivel
y anega tus entrañas.

El agua del Tajo está tan sucia
que no sabe empujar tu maquinaria
porque baja con tristeza,
encharcada en sus lágrimas.

¡Ojalá fueras de viento
y no dependieses del agua!

Al río le dieron
un tajo en la garganta
y su corriente no sabe
articular palabras.
Pasa a destajo
sin ganas de dar la cara,
preferiría esconderse
como el agua subterránea.

¡Pobre molino harinero!
El Tajo te ha dejado en la estacada.
Eres incapaz de moler un grano
con el alma tan desencantada.

TEATRO DE ROJAS PERO ZORRILLA

A la memoria de A. Martínez Ballesteros

¡Cuidado con el nombre!
El Teatro se llama Rojas
por nuestro poeta y dramaturgo toledano
Francisco de Rojas Zorrilla.
No por Fernando de Rojas,
autor de la Celestina
(aunque no de su primer acto),
ni por otro autor sin Rojas
pero con su Zorrilla a cuestas,
que es el que escribió el Tenorio.
¡Cómo no proteger el teatro
si en Toledo se encontró
el Auto Sacramental de los Reyes Magos,
la primera obra teatral en lengua castellana!
El arqueólogo Ruiz Taboada ha defendido
que en la estructura fosilizada semicircular
que forma el corral de don Diego y la calle de Tornerías
podría estar localizado el teatro romano.
En la Plaza Mayor hubo un Mesón de la Fruta
donde se representaban comedias.
Este edificio fue reformado
al remodelar la plaza pero sufrió un incendio

y entonces se levantó el Teatro de Rojas.
Me gusta mucho su telón,
con una vista imposible de la catedral
con la torre del Reloj
detrás de san Juan de los Reyes,
en el que recrea una antigua
compañía de farsantes en Toledo.
Y la lira con la que remata su fachada, símbolo del teatro,
con la que Orfeo lograba engatusar
a los seres que habitaban el oscuro inframundo.
En los sótanos está la maquinaria
para elevar el patio de butacas
y convertirlo en un gran salón
o en una pista de patinaje.
Un gran luchador por el teatro
fue el dramaturgo Antonio Martínez Ballesteros,
que dirigió el grupo Pigmalión
y escribió magníficas obras.
¡Y qué decir de Lope de Vega, Tirso de Molina, Calderón y
[Moreto!
Toledo debería ser una ciudad
conocida por su implicación en el teatro,
por inundar sus calles con representaciones.
El teatro es pura vida en caliente y dialogada.
En realidad el teatro se sube a nuestra retina
para que veamos la vida a través de sus personajes,
que a todos nos representan,
que alguna vez han hablado con nuestra laringe.

LA MEMORIA DE BÉCQUER

A Guillermo Suazo

¡Que las oscuras golondrinas
vuelvan!
¡Que vuelvan a iluminar
la memoria del poeta!

Bécquer perdió el original
con todos sus poemas.
Se lo dejó al político González Bravo
para que un prólogo le hiciera,
pero estalló la Gloriosa
y se perdió con la revuelta.

Bécquer, su hermano y sus hijos
hicieron las maletas
y se marcharon a Toledo
a encontrar una calma serena.

En Toledo estuvo otras veces.
Aquí ubicó muchas leyendas,
incluso dicen que estampó su firma
en una portada plateresca.
Conocía la historia de las iglesias toledanas,
sabía el idioma de sus piedras.

Sentado junto al laurel
su corazón recuerda.
A ver si esos versos
como los gorriones llegan,
a ver si desde el fondo del alma
este Lázaro se despierta.

Las golondrinas vinieron más claras
y anidaron en tu vivienda.
Si la poesía eres tú,
seguro que se sentaría a tu puerta.

La fama te sobrevino
después de que murieras.
Gracias a la edición de tus amigos
la corona de laurel rodeó tu cabeza.
Colocaste a Toledo una ajorca de oro
que multiplica la luz de su nobleza.

EL CULTIVO DEL DAMASQUINADO

Damasquinar es dibujar
sobre una base de hierro o acero
con un buril o una cuchilla
y luego incrustar en él
un riachuelo de oro o plata.
Después se oxida la pieza
para que el fondo se oscurezca
y la estampación asome su carita.
Se damasquinan platos, pulseras,
empuñaduras, tijeras, broches,
cuadros y muchos objetos
para labrar en ellos un huerto amarillento.
Era típico en las calles de Toledo
escuchar el sonido de los golpes
encajando en los surcos los hilillos.
Tiempo después se introdujo
la máquina en su elaboración
y ya fue difícil distinguir
la marca caliente de lo artesano.
Ahora es una técnica
en vías de desaparición
porque apenas tiene cultivadores
y quizá no se valora como antes.
Sin embargo, el amor

tiene mucho que ver
con el arte de damasquinar.
Amar es encajar todo el oro de tus ríos
(tic, toc, tic, toc)
en el latido de su corazón,
para que nunca le falten
peces dorados.

CALLE DEL COMERCIO

También te conocen como calle Ancha,
aunque solo es ancho el tramo comprendido
entre Zocodover y el comienzo de la cuesta Belén.
Tus casas no tienen escudos
ni portadas elegantes,
ni patios profundos
porque están pensadas para el comercio.
En ti había tiendas
que ofrecían el calor
de oficios artesanos.
Tiempo después hubo
negocios de toda la vida
que llevaban varias generaciones
ofreciendo sus mercancías de siempre.
Pero ahora la globalización
te ha puesto negocios
que se ven en cualquier parte del planeta,
que hace que esta calle
sea una fotocopia de muchas otras.
En ti ha triunfado
la rápida mirada del turista,
que solo busca llevar
algún recuerdo para un pariente
o para decorar el salón de su casa.

¡Qué poco dices ya de Toledo,
calle del Comercio!
Poco a poco has caído en las garras
de lo típico y lo tópico,
de un comercio sin alma.
Te has hecho tan ancha
que se ha difuminado tu personalidad entre la gente.

EL POETA ANTONIO MACHADO ASISTE AL BAUTIZO DE SU SOBRINA EN LA PARROQUIA DE SAN CIPRIANO

Francisco era el quinto
de los seis hermanos Machado.
Trabajaba de funcionario de prisiones
en el convento de Gilitos,
donde están ahora las Cortes de Castilla-La Mancha.
Aquí fue ascendiendo
a subdirector de segunda clase
y después a subdirector de primera clase.
Escribió un libro de leyendas toledanas,
artículos y algunos poemas y canciones.
En 1919 el poeta Antonio Machado
visitó a la familia de su hermano Francisco,
que vivía en el edificio Gilitos
por ser miembro del equipo directivo de la prisión.
Más tarde regresó a Toledo
para ser padrino de bautizo
de la hija de Francisco, a la que en su honor
le pusieron de nombre Leonor.
El bautizo de esta niña de ojos azules
se celebró en la parroquia de san Cipriano.
De repente en el nombre de Leonor,
que con su muerte
se había convertido en un olmo seco,
creció una hoja.

O acababa de llegar un poco de agua
hasta su barca, encallada en la arena de la playa.
Ese día a Antonio Machado
le dolió especialmente el corazón.
Más adelante su sobrina Leonor recordó
un consejo que Antoniarón
(como le llamaban sus hermanos)
siempre daba a sus sobrinos:
«Observadlo todo, dudad de todo».
Me quedo con la importancia
de ir ligero de equipaje
y de tener paciencia si el agua del mar
no llega hasta tu barca,
porque en realidad no importa,
ya has disfrutado del mar
desde la quietud puntillista de la arena.

PATRIMONIO DE LA HUMANIDAD

El 28 de noviembre de 1986
la UNESCO te declaró
ciudad patrimonio de la humanidad.
Se reconoció el valor de tu estatura.
Ya no perteneces solo a los toledanos
sino a la humanidad,
que también incluye las generaciones futuras.
Brilla tu luz con un color castellano pétreo
para el mundo entero.
Este reconocimiento permitirá
conservar mejor tu patrimonio y tu paisaje,
contribuirán a tu restauración
y vigilarán con lupa tu desarrollo,
frente a la poderosa ambición de los constructores,
que adoran la especulación y el becerro del ladrillo.
Tu economía se nutrirá de turistas,
a los que atraerás como moscas.
Esto es positivo para tus arcas
pero tiene un lado negativo
porque con ellos peligra tu conservación,
pues pueden convertirte
en una ciudad con aglomeraciones, sin vida,
sin niños ni vecinos,
entregada en cuerpo y alma

solo a esas aves de paso
que van siempre con las maletas a cuestas
pensando en el destino siguiente que consumir.
La humanidad que te encumbra,
al mismo tiempo es tu enemiga
ya que puede ser dolorosamente inhumana.

EL CEMENTERIO MUNICIPAL

A J.M. San Román Cutanda

El 8 de septiembre de 1893
se inaugura, por fin,
el cementerio Nuestra Señora del Sagrario
en los cerros de san Roque,
un poco apartado de la ciudad,
aunque esta ha ido acercándose
hasta rodearlo.
El poder económico y artístico
se refleja en algunas tumbas,
tratando de ir más allá
de la horizontalidad.
Los cipreses apuntan al cielo
con su copa de pluma
y sus raíces se concentran
hacia abajo, no a los lados,
de modo que son obedientes
y no remueven ningún nicho.
A los cipreses les ha caído el muerto,
pues no tienen la culpa
de estar en un cementerio.
Duelen especialmente las fosas comunes
que dejaron la guerra civil

y la posterior represión franquista
(en el patio 42 hay sepultadas 727 personas).
Más tarde se incorporó un horno crematorio,
un tanatorio con un espectacular ventanal,
un columbario (en el que reposan
las cenizas de mi padre)
y un pozo donde se arrojan las cenizas
que no se desean conservar.
Hay quien quiere que los fallecidos
tengan un aquí entre nosotros,
que es como darles un pequeño racimo de vida,
y para otros es suficiente
que echen raíces en el suelo interior de la memoria.
Aquí está ese mar
al que se refería Jorge Manrique,
el que miraba cara a cara Machado
cuando murió Leonor.
Lo importante es que la muerte
no nos pille muertos antes de tiempo,
sino terriblemente vivos,
con el corazón en la boca
y la sangre con la corriente en alto,
agarrándonos a este mundo
que no es un *lacrimarum valle*, ni mucho menos.
Solo por algunos momentos especiales,
que nos han ofrecido la hondura
del agua recién llegada de los pozos,
ha merecido la pena vivir.

GREGORIO MARAÑÓN
COMO TRAPERO DEL TIEMPO

Siempre me ha llamado la atención
la figura de Gregorio Marañón.
Primero, por ser un médico
que reivindicó el humanismo
en el trato con los pacientes.
Es verdad que el enfermo
no es un objeto, ni una enfermedad,
ni un conjunto de síntomas,
sino una persona con su dignidad,
y su recuperación también tiene que ver
con la manera de tratarlo.
Segundo, por su pasión por escribir
sobre tantos temas
(historia, arte, psicología, literatura, política...)
como si fuera un hombre orquesta o renacentista.
Publicó 125 libros, que se dice pronto,
trabajando como médico en un hospital público,
impartiendo sus clases universitarias,
atendiendo sus ocupaciones culturales
y también su consulta privada,
de modo que era un verdadero trapero del tiempo.
El escritor y editor Joan Gonper
tiene en su despacho los diez tomos
en los que se agrupan sus obras completas,

que los consiguió como premio de un concurso literario.
Tercero, por su pensamiento liberal,
apostando por la libertad y la tolerancia,
por su compromiso social
vindicando el diálogo
y la necesidad de contrastar las opiniones
con la evolución de los hechos,
para ratificarlas o cambiarlas si es preciso.
Ahora, en cambio, muchos defienden sus ideas
como si fuesen dogmas
y a los que piensan de otra manera
los consideran enemigos.
Camilo José Cela, siguiendo unos versos de Unamuno,
dijo que Marañón tuvo «siempre fría —y amorosa—
la cabeza, caliente —y generoso— el corazón,
larga —y caritativa y dadivosa— la mano».
Curiosa su teoría, defendida también por Cossío,
de que el Greco tomó como modelos de sus cuadros
a los dementes ingresados en Nuncio Viejo.
¿Qué más da en quién se inspirase?
Gran parte de su obra la escribió en Toledo,
donde supo rodearse de importantes personalidades
en el cigarral de Menores,
en el que gracias a él las cigarras estridulan
con notas mayores.

EL TREN ESPERA EN LA ESTACIÓN

Ya que a Toledo no llega el avión,
que me lleve, madre, el tren.

La primera línea de Toledo a Castillejo
la inauguró en 1858 la reina Isabel.

Ir en carruaje a Madrid suponía antes
quince horas y ahora tres.

Desapareció esta estación
por otra más digna, con más altivez.

La torre de la nueva estación neomudéjar
parece un alminar sin su papel
pues a los viajeros les recuerda la hora,
no la fe.

Después llegó el AVE
para ir a Sevilla o Santander,
que es como un avión a ras de suelo.
En sus raíles se desplaza como la reina del ajedrez.

Haz pronto las maletas
que no hay tiempo que perder.

Me gusta viajar viendo el paisaje
sin levantar los pies.
Toledo no tiene aeropuerto, madre,
pero el tren vuela y espera en el andén.

A veces no sé a dónde ir.
Dime cuál tengo que coger.

LA PEDALADA DE BAHAMONTES

Bahamontes ya llevaba los montes
en su apellido
(y un ¡bah! a los montes,
como perdiéndoles el respeto),
de modo que ya circulaba en la sangre
el pundonor de la escalada.
Para él lo importante
era ganar la montaña.
Aquel helado de vainilla
que comiste al llegar a aquella cima
(sacabas por entonces catorce minutos
de distancia al pelotón)
no fue por chulería o exhibicionismo,
sino que hacías tiempo
para que llegara el coche de tu equipo
a cambiarte la rueda trasera
porque se te habían roto dos radios
y así no podías hacer el descenso.
Estabas nervioso y muy cabreado.
Te pasó el pelotón
y tuviste fuerza después
para vencer el siguiente puerto.
En 1959 fuiste el primer español
en ganar el Tour de Francia

y ya todo te vino rodado.
Ahora el Águila de Toledo
sigue volando,
subiendo a lomos de la estatua
para que todos vean tu gloriosa pedalada
a punto de coronar el Miradero.

MURALLAS DE TOLEDO

En todas las murallas
siempre hay enemigos:
no solo los de fuera,
sino también los de dentro.

¿A quién abres o cierras la muralla?
¿Cuánto cobras al que entra
y al que sale?
Siempre se vigila por miedo.

Se puede burlar la muralla
por arriba o derribándola,
o excavando en el subsuelo
o con un caballo de Troya
que diga ser primo de Platero.

¿Hay alguna persona
que no tenga murallas
en el pecho?

Lo mejor es que no sean altas,
que lleguen hasta las rodillas,
para que no imponga su cerco.

¡No te amuralles más, Toledo,
en la hojarasca de tanto dato incierto!
¡Me gustas más a pecho descubierto!

EL TURISTA YA NO ES UN VIAJERO

Mira cómo se le nota
que es un turista.
Se guía por un plano
o siguiendo a pie juntillas
el itinerario que marca el móvil.
Tendrá problemas para encontrar una fuente
y también un baño público.
En algún bar pedirá carcamusas.
Esperará que le pongan alguna tapa
que hable de la tierra
y, con suerte, le sacarán
un plato de cacahuetes como mucho.
Echará de menos más restaurantes
con ricos y generosos menús caseros.
Regresará a la caída de la tarde
pensando que ha hecho lo típico,
lo que recomiendan las guías.
Quizá la visita a Toledo
daba para más
y podría haber pernoctado,
pero le han dicho
que la vida nocturna toledana
se acaba a la hora del telediario.
Ni siquiera puede ir al cine,

que está más allá de las afueras.
Ha comprado un recuerdo de su estancia,
que al día siguiente vio en el escaparate
de una tienda al lado de su hotel madrileño.
Luego dirá: «¡Qué bonito es Toledo,
es tan pequeño que parece un pueblo
y qué cantidad de visitantes!»
Hace tiempo que este turista
no quiere sorpresas
y busca, con prisa, lo más representativo.
Por la noche mirará las fotos
y colgará alguna en las redes sociales
para mostrar dónde ha estado
porque le gusta el postureo.
El viajero ha sido derrotado por el consumidor.

EL FUEGO QUE NO QUEMA

A Mario Arellano

Lo suyo es que se diga la misa
igual en todos lados.

Durante la dominación islámica
los mozárabes mantuvieron su culto toledano.

Hubo presiones, desde arriba y desde lejos,
para imponer el rito romano.

El 9 de abril de 1077 se organizó un duelo entre caballeros
y ganó el representante del rito toledano.

También se hizo una hoguera
y los dos misales arrojaron.
El mozárabe, con mucha vista,
se puso a salvo.
Todos se quedaron ojipláticos
al contemplar este milagro.

Alfonso VI obligó
al rito romano,
pero pervivió el mozárabe en seis templos:
san Lucas, san Sebastián, san Marcos,

santa Justa y Rufina,
santa Eulalia y san Torcuato.

Para ser mozárabe
no basta decirlo con los labios,
ni por vivir en un territorio,
en genealogía y el matrimonio está su rastro.

Ellos tenían un fuero especial
equiparados a los castellanos
y se sometían a sus propios jueces
a la hora de ser juzgados.

Así fue cómo el rito mozárabe
revivió igual que un nuevo Lázaro.
Un fuego antinatural, que no quema,
avivó la llama de su devocionario.

LOS DIENTES
DEL CASTILLO DE SAN SERVANDO

A Carlos Rodrigo

¡Ah, del castillo,
allí en lo alto,
en primera línea de playa,
expuesto a cualquier ataque,
defendiendo el valle del Tajo
y el acceso al puente de Alcántara!
Es un sitio muy inseguro
y por eso los monjes se fueron pronto;
lo suyo es que lo habitaran
guerreros y caballeros como los del Temple.
¡Cuántos ataques recibiría
de los incansables almorávides!
Goza de su momento de gloria literaria
al salir en un romance de Góngora,
en el Quijote de Avellaneda
(en el que don Quijote es ingresado
en el hospital del Nuncio, para enfermos mentales)
y en el Cantar del Mío Cid,
pues el Cid pasa velando
una noche en el castillo
antes de entrar en Toledo,
donde se celebrarán las Cortes
para dar a los infantes de Carrión su merecido,

después de lo que hicieron con sus hijas.
Seguro que desde su altura
Alfonso X contemplaría con lupa las estrellas.
Estuvo varias veces
en un penoso estado de abandono
hasta que el 26 de agosto de 1874
fue el primer castillo de España
en ser declarado monumento nacional.
Ahora solo conserva su perímetro exterior
porque su interior se levantó de nueva planta.
El castillo también tiene su leyenda
de un fantasma que vaga por los corredores
como alma en pena.
Fue almacén, polvorín y colegio.
Ahora es un albergue
con unas vistas de Toledo que impresionan.
Ahí sigue, sin vigilar ni defender nada,
masticando las nubes bajas
con los dientes amarillentos de sus almenas.

LA LUZ DESPIERTA
DE LA ESCUELA DE ARTES

¡Cuántos artistas y artesanos
han sido formados
en la escuela de Artes y Oficios Artísticos!
El edificio, de carácter neo
(neogótico y neomudéjar)
fue diseñado por Arturo Mélida.
Se construyó en zonas que pertenecían
al convento de santa Ana
y al monasterio de san Juan de los Reyes.
Su primer director, el pintor Matías Moreno,
trabajó adecentando el edificio
en labores de albañilería y carpintería.
En la fachada figura un escudo enorme
de los Reyes Católicos.
Fue inaugurado por el conde Romanones,
entonces ministro de Instrucción Pública
y Bellas Artes, el 27 de abril de 1902.
Más tarde, ante la cantidad de alumnos,
se ampliaron sus dependencias.
Cuenta con un espectacular Museo
con piezas de profesores y alumnos.
Se trabajaba damasquinado, metalistería,
cerámica, bordados y encajes, vaciado,
talla de madera y en piedra, dibujo (artístico y lineal),

decoración, esmaltes,
alfombras y muñequería.
Esta escuela es una fuente
que inunda la ciudad con su arte
para que podamos hacer mejor la fotosíntesis,
la de las ramas más altas de los árboles.

REMONTE MECÁNICO DE RECAREDO

¡Qué gusto subir
por la Avenida de la Reconquista
ya cansado,
y llegar hasta el remonte de Recaredo
y dejar que las escaleras mecánicas
hagan su trabajo
salvando el enorme desnivel
de la ladera de debajo de la Diputación!
Se trata de un arañazo de modernidad
que salva la muralla medieval,
una curada cicatriz encajada en la orografía.
Se inauguró el 19 de junio de 2000
y es obra de los arquitectos
Elías Torres y José A. Martínez.
Consta de seis tramos
que no son seguidos
(así se impide la aparición del vértigo)
y desde ellos la vista se relaja
sobre la Vega Baja y el barrio de santa Teresa.
Arriba del todo cuenta con un mirador cerrado
para recrearse en el horizonte,
que tiene el oficio de alejarse
para animarnos a caminar,
como afirma Eduardo Galeano.

Fue muy criticado en su momento
pero esa brecha
se ha demostrado artística, funcional y respetuosa.
Tanto que se hizo otro remonte
para conectar la zona de la estación de autobuses
con el paseo del Miradero,
diseñado por el arquitecto J. R. de la Cal.
Son como nuevos artificios turrianos
que ahora llevan personas al centro histórico,
evitando las cuestas empinadas.
El casco tiene sed de personas,
sobre todo de vecinos
para que no le falle el pulso
y se enfríe su temperatura corporal.

CALLE HOMBRE DE PALO
Y EL PINOCHO TOLEDANO

¿Juanelo Turriano crea
un autómata de madera
que recorre el trayecto
de su casa, en la plaza de las Cuatro Calles,
hasta el palacio Arzobispal
haciendo reverencias a la gente?
Esto es muy raro,
parece tener pies, pero no cabeza.
La calle Hombre de Palo
se llama así porque había
un muñeco de madera, por ejemplo en la esquina
con la calle Nuncio Viejo,
con una hucha en la que recogía donativos,
que quizá fueran para él
y para el hospital cercano de dementes.
Tal vez, eso sí, el muñeco se moviera
de vez en cuando,
por ejemplo al recibir alguna moneda.
Turriano se adelantó
a los muñecos articulados
y ya despuntó en el engranaje mecánico
del mundo de la robótica.
Hacer que un muñeco se mueva
es ya ponerle un poco corazón.

Sería nuestro Pinocho toledano.
El movimiento es sinónimo de vida
y se demuestra andando
y, sobre todo, amando.

EL CRISTO HACE DE NOTARIO

O sea, que el Cristo de la Vega,
que es de madera,
desclava uno de sus brazos
como testigo de un préstamo
de un judío a un cristiano,
o para certificar la existencia
de una promesa de boda incumplida
o para aprobar el comportamiento
de un caballero toledano
que participó en un duelo con espada
por una mujer.
Habría que encontrar testigos
del intervencionismo articulado
de este Cristo,
participando en asuntos tan humanos.
Es curioso que Él, que reclama la fe,
ahora, a modo de notario,
dé fe de lo que se ha hecho.

VIRGEN DE ALFILERITOS

Echa un alfiler a la Virgen Dolorosa
de la hornacina
de la calle Alfileritos.
Lo hacía Soledad Vargas
mientras, medio dormida, pedía a la Virgen
que su novio regresara de América.
Lo hizo Inés
para agradecer la curación de un familiar
mientras era observaba
por un joven con el que se casó después.
No hay amor sin alfileres.
Amar es llevar prendido
con un alfiler a alguien
en la vestimenta de tu latido.
Y recuerda que si no te duele
o no pincha,
se parece, pero no es amor.

VIRGEN DEL VALLE

Virgen que no está en el Valle
sino en lo alto del Valle,
cerca de la peña del Rey Moro.
Parece ser que antes hubo aquí
un pequeño monasterio.
Después esta ermita
fue muy reformada con el tiempo.
Desde aquí se lanzaban ataques
contra los partidarios de Carlos V
y contra las tropas napoleónicas.
Ahora conviene recrearse
contemplando el colinismo toledano
con el río con su abrazo al cuello
a modo de bufanda,
como decía Gloria Fuertes.
Siempre hay alguien
que toca la campana
pero no para encontrar pareja,
que esto es una tontería,
sino para dejar en el viento
el sonido de su existencia.
Suenas, luego vives.
Incluso en medio del silencio
aún resuena en el interior

el eco del big bang
de cuando apareció ese universo
que es cada uno de nosotros.

LA PUERTA DEL CAMBRÓN
TOMA INFUSIONES

A Ventura Leblic

La puerta del Cambrón,
que cierra el barrio judío,
es de origen musulmán.
Hacia el interior de la ciudad
está presidida por una santa Leocadia,
por eso se llamaba Puerta de santa Leocadia.
Y en su parte externa,
la que mira hacia la escultura homenaje
a las víctimas del coronavirus
del artista toledano Rafael Canogar
titulada *Yacente,*
tiene un enorme escudo de Felipe II,
con un águila de una sola cabeza,
flanqueado por dos reyes medievales,
que representan a la ciudad.
Tuvo funciones militares y recaudatorias.
Se llama del Cambrón
porque al lado crecían unas plantas
espinosas llamadas cambroneras.
Por aquí salió María Pacheco
la noche del 4 de febrero de 1522,
en el último capítulo de la derrota comunera,
camino del exilio a Portugal.

Está pegada a un instituto
en el que hubo un monasterio agustino,
por eso hay un monolito
dedicado al gran Fray Luis de León.
En los pisos de arriba tiene su sede
la Asociación cultural Montes de Toledo.
Precisamente en el interior de la puerta
una placa recuerda que estaban exentos
de pagar el portazgo
los vecinos de Toledo y sus montes.
Esta puerta necesita tomar infusiones
porque está enferma de los nervios,
por el continuo trasiego
de coches y autobuses,
que siembran traqueteo y dióxido de carbono.
Mira con envidia a la puerta de Bisagra:
le gustaría tener aberturas en los laterales
para que los vehículos no pasaran por dentro.

VADO O CAMINAR SOBRE LAS AGUAS

El asentamiento toledano
tuvo mucho que ver con el vado.

Es un lugar del río Tajo
sumiso y blando,
con una rama del mar Rojo cuando el milagro,
pues se puede cruzar andando.

Por eso era importante vigilarlo
y poder pasar al otro lado.

Toledo dio sus primeros pasos
como Cristo en aquel lago
al ver en el agua un camino asegurado.

EL TALENTO DE ALBERTO SÁNCHEZ

A Gabriel Cruz Marcos

Alberto Sánchez fue porquerizo,
repartidor de pan montado en un borrico,
aprendiz de herrero y zapatero, escayolista
y sobre todo panadero.
Conoció de primera mano la pobreza
y eso le empujó a trabajar
por un mundo más justo y solidario.
No tenía estudios. Fue autodidacta.
A los quince años un amigo
le enseñó a leer y a escribir.
En la Escuela de Artes y Oficios de Madrid
no lo admitieron por no tener
la enseñanza primaria.
Fue un hombre con una mirada especial,
con un talento artístico
que le salía por las orejas
porque fue capaz de trabajar la escultura
con un lenguaje propio,
que le llevó a territorios
como los del cubismo y el surrealismo.
Con una especial querencia por materiales pobres,
acercándose a las raíces de la tierra,
a la fuerza poderosa de la naturaleza.

Una beca de la Diputación de Toledo
le dio el empujón que necesitaba
para dedicarse más de lleno al arte.
Murió exiliado en Moscú,
donde impartía clase a niños españoles.
Quisieron ubicar cerca
del convento de san Juan de los Reyes
una copia más grande, realizada por Cecilio Béjar,
de una escultura de Alberto,
pero en aquella época se opusieron
por su ideología, por ser rojeras,
y en su lugar colocaron otra, mondié,
de Isabel la Católica, que hizo Santiago Casado.
Más tarde, en un homenaje a Alberto,
al que asistió el poeta Rafael Alberti,
fue colocada en el paseo de la Vega.
Las idas y venidas de Alberto
y los avatares de la guerra civil
hicieron que desapareciera parte de su obra,
como la célebre *El pueblo español
tiene un camino que conduce a una estrella.*
De esta se hicieron reproducciones
y existe una en la plaza de Barrio Nuevo,
de la mano de F. Villamor y G. Cruz Marcos.
Cuando era pequeño me encantaba
entrar en el Museo de Arte Contemporáneo
para disfrutar de esta casa del siglo XVI
y de todas las obras que albergaba,
entre ellas las esculturas
y los dibujos de Alberto,
que también destacó realizando
figurines y escenarios para ballets,

obras de teatro y películas.
Con sus manos panaderas
Alberto amasa el polen de la luz
para transformarlo en la miel candeal de la belleza.

PALACIO DE GALIANA

El origen del palacio de Galiana
(en la Almunia o Huerta del Rey
no en la zona del Miradero)
es la residencia veraniega
del rey Al-Mamún.
Aquí, en unas construcciones añadidas,
estuvo como invitado Alfonso VI
(cuando era perseguido por su hermano Sancho),
que pudo oír cómo el rey árabe y sus amigos
hablaban del mejor medio para tomar
la ciudad: arrasar los alrededores
con el fin de provocar
una hambruna de campeonato.
Para comprobar si Alfonso VI
estaba dormido o había oído este secreto
le echaron plomo fundido en una mano.
Alfonso VI no retiró la mano
y aguantó la brutal quemadura.
Pero ¿ese talón de Aquiles
para conquistar Toledo
no entra dentro de la lógica
o se le ocurre a cualquiera?
Este palacio sufrió el zarpazo del tiempo,
y de los almorávides y los almohades

y de los cristianos que venían
a luchar contra ellos.
Por eso necesitó construcción y reconstrucción.
Este palacio es un canto al agua,
buscándola en la cercanía con el Tajo
y embalsándola en una alberca,
rodeado de un llamativo jardín
con la música colgante de los árboles frutales.
Este palacio tiene otra leyenda
en la que alguien es derrotado
por amar a una princesa
y sale de su sepulcro en las noches
de luna llena, igualito que el hombre lobo.
Este palacio quiere en realidad
cultivar la luna como una rosa blanca
más de su jardín.

LA DESORDENADA ORDEN DE TOLEDO

A Ángeles Carmona

El día de san José de 1923
durante una jornada de farra y alcohol,
Luis Buñuel llama al convento de los carmelitas
para expresar su deseo de ingresar en la orden
y a partir de ahí decide fundar
su propia Orden, como si se tratase de una cofradía,
que llamará la Orden de Toledo,
con un organigrama formado
por un condestable (como él se autonombró),
un secretario, caballeros fundadores,
caballeros, escuderos, jefes de invitados e invitados.
En esta orden no había voto de castidad
ni de obediencia ni de pobreza
sino otro tipo de reglas que había que cumplir,
como hospedarse en sitios humildes
(como la Posada de la Sangre),
beber vino hasta emborracharse,
ser un poco guarrindongo
al no ducharse durante la estancia en Toledo,
visitar el sepulcro del cardenal Tavera
(su mascarilla mortuoria sirvió de modelo
para este sepulcro de Berruguete
y refleja los momentos previos a la putrefacción,

de modo que la visita era un tributo a la muerte)
y perderse o callejear sin rumbo.
Les gustaba ir a comer a la venta de Aires,
fundada en 1891 con la intención
de dar de comer a los trabajadores
de la Fábrica de Armas,
donde solían comer tortilla con carne de cerdo,
perdiz y se ponían hasta las cejas
de vino blanco de Yepes.
En aquel Toledo decadente, demasiado solemne,
amurallado, al que llamaban
la ciudad de las tres ces
(curas, cuestas y cadetes)
este grupo aportó pinceladas
de surrealismo y de vanguardia.
Esta Orden no debe ser entendida
como un ejercicio de gamberrismo,
pues detrás del surrealismo se esconde
una visión crítica de la sociedad y la moral.
La Orden pone de relieve la importancia
de conocer un Toledo sin rutas preestablecidas,
que va más allá de las murallas.
No se trata de un juego anecdótico
porque algunos miembros
(como Dalí, Moreno Villa, María Teresa León
y Alberti) lo destacaron como un episodio
relevante en sus memorias.
Por fin, ante una total indiferencia,
en Toledo se abría paso
la excentricidad y la heterodoxia.
Se divertían escribiendo
composiciones poéticas breves

que llamaban anaglifos,
como este que hago para terminar:
El bizco,
el bizco,
la gallina
y Lorca intentando matar una mosca con la escobilla del váter.

MIRAR EL MIRADERO

Un lugar donde el verbo otear
ejerce la acercanza y la lontananza,
a la vega del Tajo,
a recibir al río, que llega
todo encorbatado
y con esa humildad
de hacerse apto para el baño,
aunque lamentablemente está prohibido
desde el 19 de junio de 1972.
Es increíble que el Miradero
esté aupado sobre la puerta de Perpiñán,
sumergida en su adentro.
Desde aquí se lanzó algún suicida
para ser engullido por la boca del lobo
de la calle Gerardo Lobo.
Era un sitio para pasear,
para ir a la antigua Biblioteca,
al cine de verano,
a comprar en el mercadillo,
a tender la retina en el cordel del horizonte
para que acoja una ventisca de azotea.
Tiempo después se le dio un uso nocturno
cuando en su interior
se edificó una galería comercial,

donde muchos toledanos acudían
a tomar copas y mover el esqueleto.
Más tarde fue demolido
para acoger el mastodóntico
palacio de Congresos
del afamado arquitecto R. Moneo,
que costó una millonada.
La estrella de ese palacio,
con numerosas salas y dependencias,
es un auditorio, con capacidad
para mil personas.
Lo peor es que se comió
una parte del paseo
con su saliente de buque varado.
A su lado discurre el gusano oscuro
de una escalera mecánica.
Lo mejor es mirar desde arriba
pensando en lo que pudo haber sido
esa zona cercana al río.
Por eso es un mirador
que deja en los ojos
la borrosa miopía de la nostalgia.

MAZAPÁN CONTIGO

A Rosario, por todo,
que es tanto.

Si no tengo nada que comer
me conformo con estar a tu lado.

Amaso las almendras
de tu compañía
y el azúcar moreno de tu cuerpo
y lo meto en el horno de mi alma
a 180 grados.

¡Para qué necesito más
si tú eres mi mazapán toledano!

Aunque asedien
mis campos de cultivo
y mi despensa
sea un desierto deshabitado,
me llenas de nutrientes a diario.

Tú eres mi mazapán, amor.
Con tu estar conmigo
siempre llega un grano de navidad a todos mis pájaros.

UN LUGAR PARA ENCONTRARNOS

En 1981 se colocó la obra de hormigón
Lugar de encuentros V de Eduardo Chillida
junto a la puerta de Alfonso VI.
Es una más de un conjunto de piezas
situadas en otros lugares de España.
Se criticó mucho esta obra
porque decían que no encajaba
en la austeridad del arte toledano
(siempre sale el miedo a lo moderno)
y porque quizá no estaba
ubicada en el sitio adecuado.
Un poco apartada, sufrió las consecuencias
de la desidia y el vandalismo.
Cuando se instaló, se pretendía
que fuera la primera pieza
de un museo escultórico al aire libre
que iría bordeando la muralla
hasta la plaza del Cambrón.
La obra me gusta mucho
y trata de plasmar lo que es,
un espacio para el diálogo y la convivencia;
en el que las piezas no encajan,
pero crean un espacio envolvente
en el que, a pesar de las diferencias,

es importante propiciar el encuentro a través del diálogo.
Hay cuestiones sobre las que nos interesa
a todos ponernos de acuerdo.
En la Grecia clásica
era una bendición
convivir con alguien que piensa de forma diferente
porque invita a exponer las ideas
por si se le puede convencer,
o, al contrario, te ayuda
a salir de la oscuridad de tus errores.
En Toledo debería haber más esculturas
como esta, que son ventanas
a la concordia y a la esperanza
novedosa de la modernidad,
frente a la envidia y a la confrontación de las Españas,
frente a un conservadurismo ciego
y a un progreso que desconoce sus cimientos.
Ahora parece que las ideas
se han convertido en ideologías
y estas en intereses,
y el diálogo muchas veces consiste
en imponer el propio parecer como las lentejas:
las tomas o las dejas.
De esta manera se abandona la racionalidad,
qué triste, en manos del poder.

EMBARCADERO CON BARCA TRISTE

A la memoria de Mario Paoletti

Cuando me casé
vine a esta zona del Embarcadero
a hacerme fotos.
Me parece un lugar
que destaca por su belleza,
a los pies de la montaña rocosa
del cerro del Bú,
donde se han encontrado restos
de la Edad de Bronce.
En este cerro,
al que he subido muchas veces,
se despeñaron accidentalmente
Tariq y Brunilda
según cuenta una leyenda.
A un lado está la casa del Diamantista,
en la que vivió José Navarro,
un joyero experto en esculpir diamantes.
Este es un lugar en el que el río
pide ser cruzado en barca.
Ahora hay una embarcación
con un estilo muy feo
(porque no tiene estilo),
atada a la otra orilla con un cable,

de modo que ha perdido
su vaivén y sus remos
y, por ello, su condición de barca.
Hay una caseta del fielato
en la que se cobraba
por las mercancías que cruzaban.
También una torre, llamada del Hierro,
que tuvo un carácter
de defensa y control.
Aquí he bajado con mis hijos
para dar de comer a los patos y a las ocas,
donde malviven desde 1994.
También he venido mucho
a visitar al escritor Mario Paoletti,
que vivía en esta plazoleta
junto con su esposa, Pilar Bravo.
El compromiso de Mario con la dignidad
(estuvo preso 4 años en la Argentina
del régimen Videla
por delincuencia ideológica,
que en este caso significa ser de izquierdas),
su apoyo a los pobres y desfavorecidos
y el brillo autobiográfico de su escritura
me acompañará siempre mientras viva.
Enfrente, como una serpiente que huye,
zigzaguea una calzada romana
ascendiendo hacia la ermita del Valle.
Este es un sitio que podría ser
un *locus amoenus*,
para dejar que el corazón respire,
y huela y abra bien los ojos,
si no fuera por el estado lamentable

del río Tajo, nuestro río,
el primer toledano
que salió de este útero profundo
de piedra acuosa.

TOLEDO, LA DESPOJADA
O EL OTRO EXPOLIO

A Juanjo Fernández Delgado

Maldigo a todos
los que han contribuido
al desvalijamiento de Toledo.
A los que han robado
piedras, cuadros, esculturas, libros,
azulejos, bocas de riego, vigas
y otros objetos para saciar su ansia
de coleccionista compulsivo,
o de saqueador nato,
o de perseguidor de ganancias.
Poco a poco, en una erosión por goteo,
Toledo ha sido despojada
de parte de su patrimonio
por traficantes y chamarileros,
culturetas y toledanistas,
arqueólogos y políticos,
depredadores y religiosos,
peces chicos, medianos y gordos.
Este doloroso trasvase
deja a Toledo como el río Tajo:
con poco caudal, casi en los huesos.
Vosotros habéis desvestido la ciudad,
como hicieron con Jesucristo en el Expolio.

Habéis besado un montón de Judas
para conseguir las treinta monedas.
Yo os maldigo, como hizo Chalton Heston
al final de *El planeta de los simios*,
por dedicaros a la rapiña
con el único fin de enriqueceros.
Para vosotros, malandrines, carroñeros,
Toledo es un botín del que hay que aprovecharse
y no una perla que hay que proteger
para que pueda ser disfrutada por todos,
las generaciones de ahora y las venideras.
Que pese sobre vuestra conciencia
los pétalos de memoria
que habéis arrancado a la flor de la ciudad.
Sois un musgo de caries egoísta,
desecho encabronado que debería salir
por la uretra de nuestra ciudad.

EL MEJOR BANCO DE TOLEDO

A Francisco Sánchez

Cuando llegues al hospital
geriátrico Virgen del Valle,
donde estuvo mi padre ingresado
poco antes de morir de un infarto,
tuerces a la izquierda
y encuentras un aparcamiento de tierra.
De allí parte un camino,
rodeado de encinas
que desemboca en un banco.
No es un banco cualquiera,
sino el mejor banco de Toledo.
Está situado a una altura
que ofrece unas vistas
de cinco estrellas de la ciudad,
ubicado en un enclave natural,
en pleno campo, a modo de invitación al *beatus ille*,
y, además, desde la distancia
propicia para que no te deslumbre,
donde no llegan los turistas con su ruido
y su nerviosismo sucio.
Desde aquí puedes contemplar Toledo
con esa calma especial
con la que se mira el mar,

y oler y despeinarte
desde este acantilado
con su oleaje de historia salpicándote.

LA SANGRE DE TOLEDO

Si me preguntaran
cuál es tu esqueleto
respondería que el río Tajo
con su hondón pétreo,
las vegas, los puentes y murallas
y una plantación de monumentos.
Después te añadieron un enorme kilometraje
con barrios en los extremos.

Que nadie diga que tienes personalidad
poque no eres un cuerpo.
En ti no respira el alma
ni razona el cerebro.
Tu latido se nutre
del calor de los que en ti viven y vivieron.

A tu águila bicéfala
han añadido demasiados vuelos
con leyendas y exageraciones
que te acercaron a un falso cielo.

No necesitas nuevas colinas
para levantarte más del suelo,
bastante te han encumbrado

con cuentos de misterio.
Prefiero que tu andamiaje
se asiente en datos ciertos,
en los que mi santo Tomás
pueda meter sus dedos.

Paseando por tus calles
es fácil sentirse heredero.
La historia es una cadena
que otros empezaron con esfuerzo.
No solo tenemos el deber de conservarla
sino de añadir un eslabón nuevo.
La ciudad está abierta
a las huellas de nuestro tiempo.
En tus paredes rupestres
nos toca ahora pintar nuestros ciervos.

No te quiero vestida de tanto dato falso,
ni con una espiritualidad de incienso.
No te quiero anclada en el pasado,
ni ofreciendo a la quietud tu gobierno.
Serás lo que quieran tus vecinos.
Ellos riegan la sangre de tu callejero.

ÍNDICE

Toledo es mi Ítaca.
Aquí Penélope me aguarda.
Reconozco mis recuerdos
cuando abro el álbum de sus calles.
Aquí puedo decir al corazón
que extienda todas sus raíces,
que ha venido a quedarse para siempre.
Mi memoria se alojará
como una piedra más
en alguno de sus muros,
como un costalero que sujeta la ciudad
para que llegue su granítica voz al horizonte.

Ledoria, desaforado amor por la palabra

.